PIANO • VOCAL • GUITAR

IL DIVO ANCORA

ISBN-13: 978-1-4234-1246-5
ISBN-10: 1-4234-1246-x

DISTRIBUTED BY

HAL•LEONARD®
CORPORATION
7777 W. BLUEMOUND RD. P.O. BOX 13819 MILWAUKEE, WI 53213

Visit Hal Leonard Online at
www.halleonard.com

www.ildivo.com

ALL BY MYSELF
(Solo otro vez)

Music by SERGEI RACHMANINOFF
Words and Additional Music by ERIC CARMEN

ISABEL

Words and Music by
ANDREAS ROMDHANE

Moderately slow

With pedal throughout

Vo - lar ___ ca - er ___ al fon - do del ___ do - lor. ___

So - ñar ___ per - der ___ im - per - ios de i - lu - sión. ___

Hoy no ten - go na - da si no es -

* Recorded a whole step lower.

I BELIEVE IN YOU

Words and Music by PER MAGNUSSON,
JORGEN ELOFSSON, DAVID KREUGER
and MATTEO SAGGESE

* Recorded one step higher.

YOU RAISE ME UP
(Por ti seré)

Original Words and Music by BRENDAN GRAHAM
and ROLF LOVLAND
Spanish Lyrics by DONATO POVEDA LOPEZ

* Recorded a half step higher.

SI TÚ ME AMAS

Words and Music by ANDREAS ROMDHANE,
JOSEF LAROSSI and JOHN REID

Recorded a half step lower.

HASTA MI FINAL

Words and Music by WAYNE HECTOR,
STEVE MAC and RUDY PEREZ

Tu lu-gar___ es a mi la-do
Y nun-ca es-tu-ve tan se-gu-ro

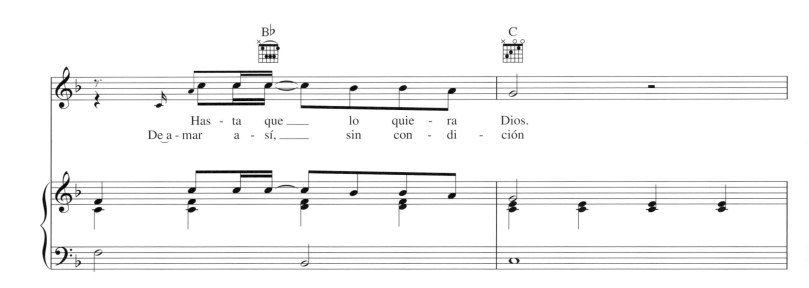

Has-ta que___ lo quie-ra Dios.
De a-mar a - sí,___ sin con-di - ción

Hoy sa-bran___ cuan-to te a-mo
mi-ran-do-te___ mi a-mor te ju-ro

Cuan - do por fin ___ se - a - mos dos.
Cui - dar por siem - pre nues - tra un -

ión. Hoy te pro - me - to A - mor e - ter - no. Ser par - a

siem - pre Tu - yo en el bien y en el mal. ___ Hoy te de - mues - tro Cuan - to te

quie - ro. A - mán - do - te has - ta ___ mi fi - nal.

Lo me - jor___ que me ha pa - sa - do

Fue ver - te por ___ pri - me - ra vez.

Y es - tar a - sí___ de ma - no en ma - no

Es lo que a - mor___ siem - pre so - ñé. Hoy te pro -

HEROE

Words and Music by MARIAH CAREY
and WALTER AFANASIEFF

Recorded a half step higher.

So - lo con _ un sue - ño to - do. Sa - brás _ sa - brás co - mo ven -

cer. _____ Y co-mo li-bro el co - ra - zón _

Nos en - se - ña que hay te - mor Que hay fra - ca - sos y _ mal -

dad Que hay ba - tal - las que _ ga - nar. _____ Y en ca - da pá - gi - na el _ a - mor _

EN ARANJUEZ CON TU AMOR

By JOAQUIN RODRIGO

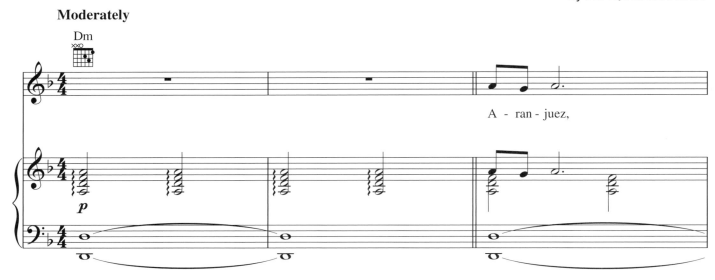

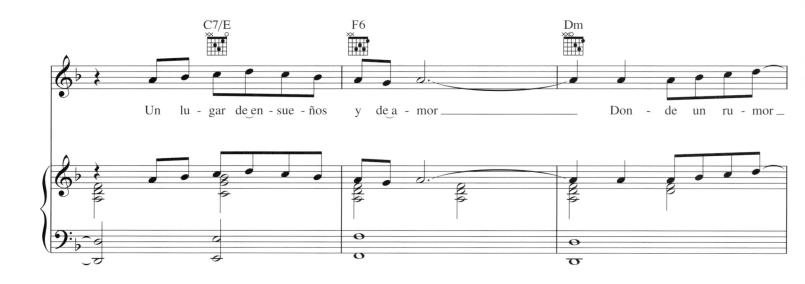

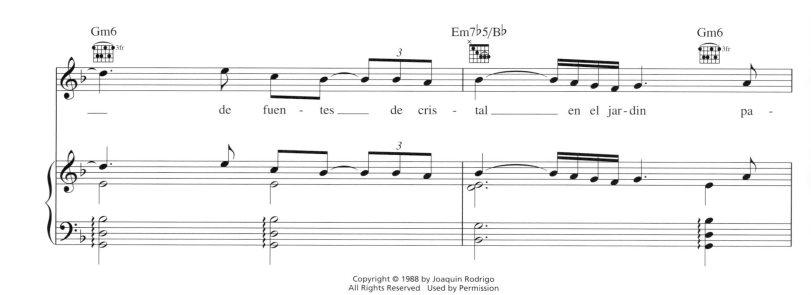

sin ra - zón ol - vi - da - mos. _____

En A - ran - juez,

a - mor Tu y yo.

ESISTI DENTRO ME

Words and Music by ANDREAS ROMDHANE,
JOSEF LAROSSI, JOHN REID
and MATTEO SAGGESE

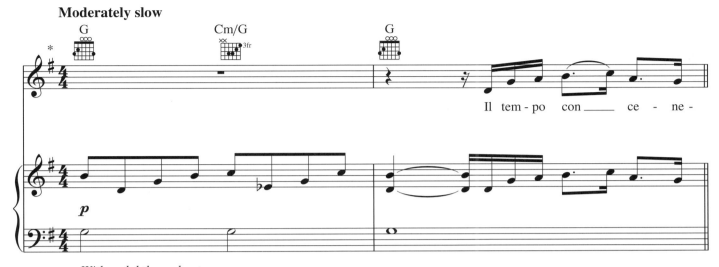

Recorded a half step lower.

Nel - la mia a - ni - ma___ tu sei.

La vi - ta non si fer - mer - a'

E un nuo - vo so - le nas - cer - a'

Non sai quan - to ti vor - rei

Ri - pen - so al blu deg-li oc - chi tuoi

Ma or - mai lon - ta - ni sia - mo noi

Tu _____ sei la gioi - a che vor - rei

Nel - la mi-a a - ni - ma tu sei.

POUR QUE TU M'AIMES ENCORE

Words and Music by JEAN-JACQUES GOLDMAN
and ERIC BENZI

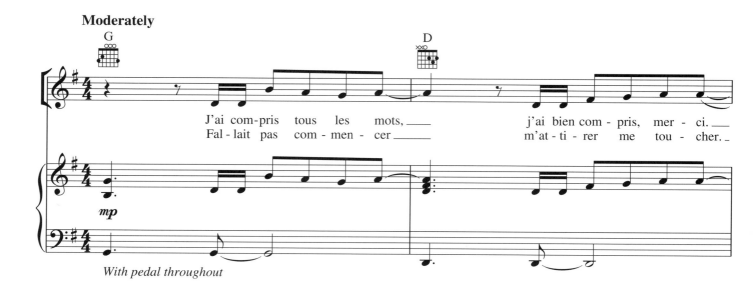

pour que le feu re - prenne. ___ Je de-vien-drai ces au-

- tres qui te donnent du plai - sir. ___ Vos jeux se - ront les nô -

- tres, si tel est ton dé - sir. ___ Plus bril-lant plus beau ___

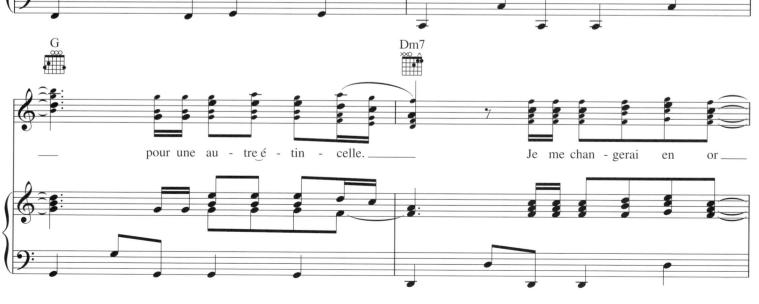

___ pour une au-tre é-tin - celle. ___ Je me chan-gerai en or ___

pour que tu m'aimes en - core,

que tu m'aimes en - core.

que tu

m'aimes   en -   core.

rit.